CAMIONES

MÁQUINAS DE VIAJE

Jason Cooper

Versión en español de Argentina Palacios

Rourke Enterprises, Inc.
Vero Beach, Florida 32964

FOTOS
© Lynn M. Stone

LIBRARY OF CONGRESS
Library of Congress Cataloging-in-Publication Data
Cooper, Jason, 1942-
   [Camiones. Español]
   Camiones / por Jason Cooper.
   p.   cm. — (Máquinas de viaje)
   Traducción de: Trucks.
   Incluye índice.
   Resumen: Examina la historia, variedades y usos especiales
de los camiones.
   ISBN 0-86592-509-7
   1. Camiones—Literatura juvenil.
   [1. Camiones.   2. Materiales en español.]
I. Título. II. Serie: Cooper, Jason, 1942-   Máquinas de viaje.
TL 230.15.C6618   1991
629.224—dc20   91-11062
                                  CIP
                                  AC

ÍNDICE

CAMIONES

Los camiones son **vehículos** de motor asociados, por lo general, con **carga.** En Norteamérica, se acarrea más carga en camiones que en trenes.

Los camiones se construyen sobre una armazón de acero. El motor y la cabina van al frente. La parte trasera es la de la carga; algunos camiones tienen esta parte cubierta y otros, al descubierto.

La mayoría de los camiones son más grandes que los carros. Los camiones también son más fuertes y más resistentes.

Madera en un camión de remolque
plano o plataforma

LOS PRIMEROS CAMIONES

Los primeros camiones aparecieron en Norteaméarica en los años de la década de 1890. Eran, en verdad, carros con especies de vagones para acarrear cargas livianas. Tenían motores de vapor o eléctricos y las llantas o neumáticos, totalmente de caucho.

Los motores de gasolina y las llantas con aire se introdujeron a principios del siglo XX. Con estas mejoras, los camiones podían viajar cada vez más rápido y acarrear cargas más pesadas.

Durante la I Guerra Mundial (1914-1918), los camiones acarrearon importantes abastos para la guerra.

6   *Un "carro comercial" McIntyre de 1906, uno de los primeros camiones*

CAMIONES MODERNOS

Antes de los camiones, la mercancía se transportaba por tierra en vagones y trenes tirados por caballos. Para fines de la I Guerra Mundial, había 600,000 camiones en los Estados Unidos. Con las muy buenas carreteras que se construyeron durante la década de 1920, aumentó la importancia de los camiones para acarrear mercancía.

Los camiones de hoy en día son potentes y rápidos y algunos de ellos son tan cómodos como los carros. Los camiones nuevos son brillantes, vistosos y bastante aerodinámicos.

Camiones nuevos a bordo de uno de 18 ruedas

CAMIONES LIVIANOS

Hoy en día, los camiones se agrupan de acuerdo con su peso cuando están cargados. Los livianos pesan hasta 10,000 libras. (Un auto pesa unas 4,000 libras.)

De esta clase, los camiones de reparto ("pickups") son los más conocidos. Por lo general, la parte superior va al descubierto y los lados son de acero. También hay furgonetas ("panel trucks"), que son cerradas. Y las camionetas ("vans") son furgonetas con ventanillas, alfombra y asientos suaves.

Ciertos camiones livianos pesan menos que los automóviles más pesados.

Furgoneta

Camión pesado de uso fuera de carretera

Camión de bomberos o autobomba

CAMIONES MEDIANOS

Los camiones que acarrean entre 10,000 y 20,000 libras son de peso mediano. La mayoría de éstos son de propiedad de los comercios. Acarrean cargas a distancias cortas o hacen trabajos especiales.

Los camiones medianos se usan para acarrear muebles, vidrios, productos químicos, botellas, paquetes y alimentos. Algunos tienen **rejillas** para llevar botellas o vidrio. Otros tienen áreas al descubierto llamadas **plataformas** o compartimientos que se pueden refrigerar.

Barredor de calles

CAMIONES PESADOS

Los camiones tanque, hormigonera, volquete y remolque son pesos pesados de las carreteras. Acarrean cargas que pueden sobrepasar las 20,000 libras.

Los camiones remolque tienen dos unidades: el tractor, o cabina, y el remolque. En ciertos estados se permiten dos remolques a la vez. Por lo general, los remolques tienen ocho ruedas y los tractores, diez.

Los camiones más grandes son demasiado grandes para las carreteras y andan fuera de ellas. Se usan en trabajos de **minería.**

Camión tanque

CAMIONES ESPECIALES

A veces se fabrican camiones para usos especiales. Los camiones cubo, por ejemplo, alzan a los trabajadores del suelo. Los camiones bomba se hacen para que lleven bomberos, escaleras y mangueras. Los bibliocamiones son bibliotecas rodantes.

Los ejércitos tienen camiones especiales muy resistentes para llevar soldados y armamento. Otros camiones especiales son las casas rodantes, los barredores de calles, los poceros y las hormigoneras.

Hormigonera

CAMIONAJE

Cuando un camionero dice: "He estado en todas partes", puede que diga la verdad. Los camioneros de Norteamérica, hombres y mujeres, viajan por dondequiera que haya carreteras, de una costa a la otra.

El camionaje es una industria de importancia que emplea a unos nueve millones de personas. De éstas, dos millones son camioneros, o conductores de camión.

Las compañías de camiones acarrean casi todo lo que usamos: gasolina, acero, madera, automóviles, alimentos, entre otros.

Camión de remolque en un viaje interestatal

LA MARAVILLA DE LOS CAMIONES

Los 40 millones de camiones de Norteamérica se encuentran entre los vehículos más útiles e importantes.

Diariamente, los estrepitosos camiones remolque acarrean miles de libras de mercancía. Camiones más pequeños hacen muchísimos otros trabajos, desde rescate y reparaciones hasta repartos de corta distancia. Millones de camiones livianos son vehículos familiares, parte carro y parte acarreador.

¡La maravilla es que parece haber un camión construido especialmente para cada trabajo!

GLOSARIO

cabina — la parte delantera del camión donde van el conductor y los controles de camión; la unidad delantera de un camión remolque

carga — la mercancía que se transporta

plataforma (remolque plano) — parte plana donde se lleva carga

minería — el proceso por el cual se sacan rocas y minerales del suelo

rejillas — una armazón para contener ciertos artículos

tanque — una camión en que se monta un tanque para acarrear líquidos, como petróleo o leche

vehículo — algo que acarrea o transporta

ÍNDICE ALFABÉTICO